Mamãe, eu super te amo!

Este livro segue as normas do novo ACORDO ORTOGRÁFICO

Mamãe,
eu super te amo!

editora Original

Lisa Whitfield

Diretor editorial **Marcelo Duarte**

Coordenadora editorial **Tatiana Fulas**

Assistente editorial **Karina Danza**

Projeto gráfico e diagramação **Ana Miadaira**

CIP – BRASIL. CATALOGAÇÃO NA FONTE
SINDICATO NACIONAL DOS EDITORES DE LIVROS, RJ

W59m

Whitfield, Lisa

Mamãe, eu super te amo! / Lisa Whitfield. – São Paulo:
Original, 2009.

1. Pais e filhos. I. Título.

CDD: 306.8743

09-0869. CDU: 392.3

2009

Editora Original Ltda.
Rua Henrique Schaumann, 286, cj. 41 – 05413-010 – São Paulo – SP
Tel./Fax: (11) 2628-1323
edoriginal@pandabooks.com.br
www.pandabooks.com.br

Para todas as mães,
supermulheres da vida real.

Quando eu te conheci,
tudo estava escuro.

Ouvia sua voz, seu coração.
Sentia suas mãos em mim...

Você percebeu
que eu dava uns
chutinhos
para chamar a
sua atenção?

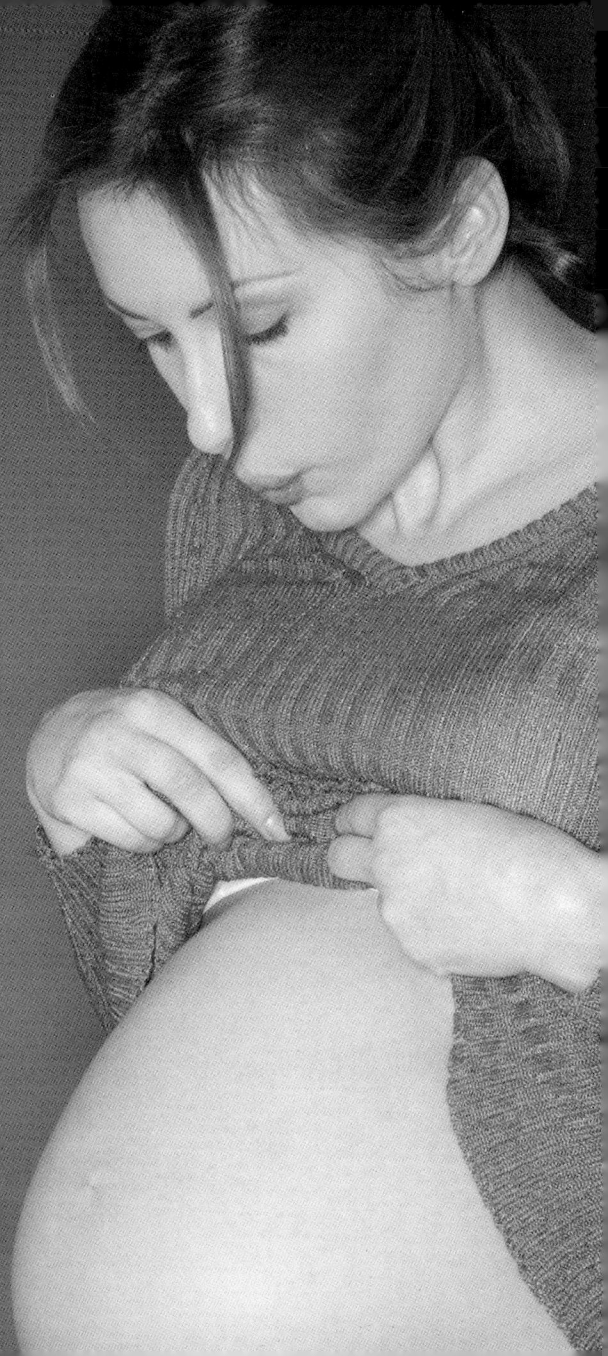

Até que, finalmente,
veio o dia em que nos conhecemos!

No começo, chorei um pouquinho.

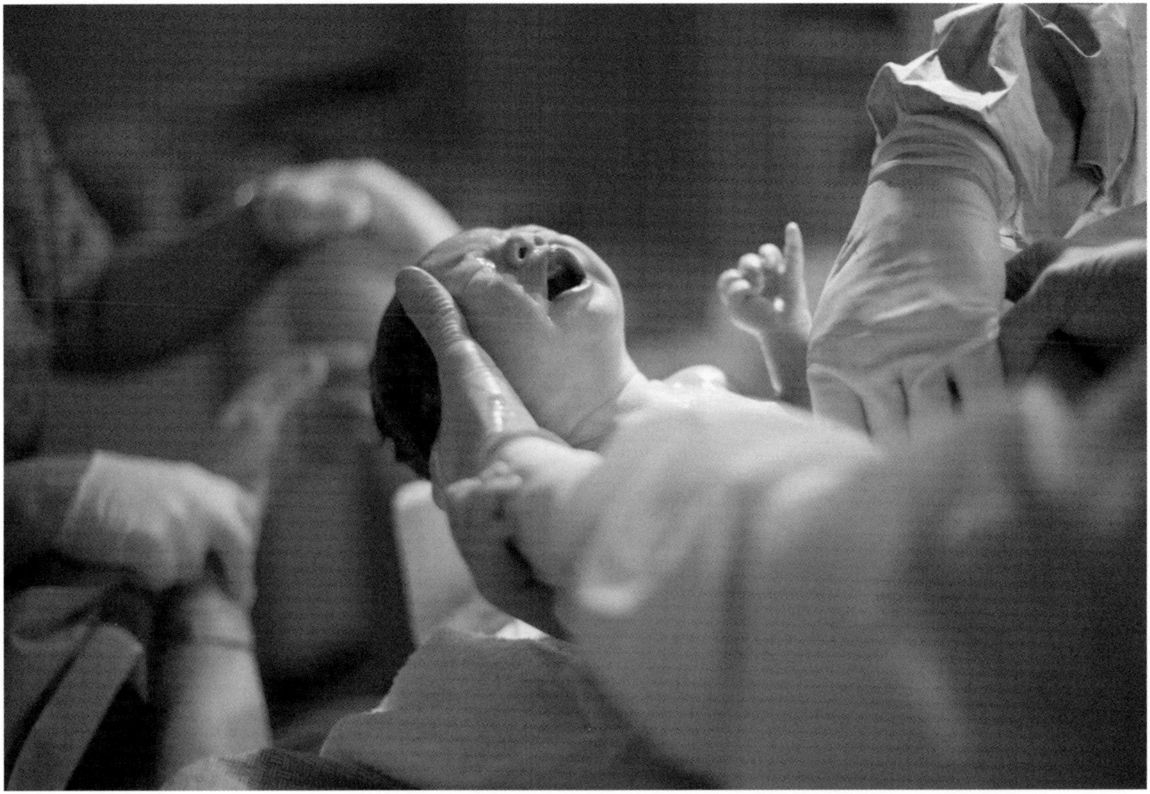

Estava tão bom ali dentro!

Mas não é que eu descobri que aqui
fora tudo é mais gostosinho?

Você começou a
cuidar de mim na
maior mordomia...

Você me deu superpoderes!

Na verdade, foi aí que eu
descobri que você não era
apenas uma mamãe.

Você é uma supermamãe!

Superamiga!

Superenfermeira!

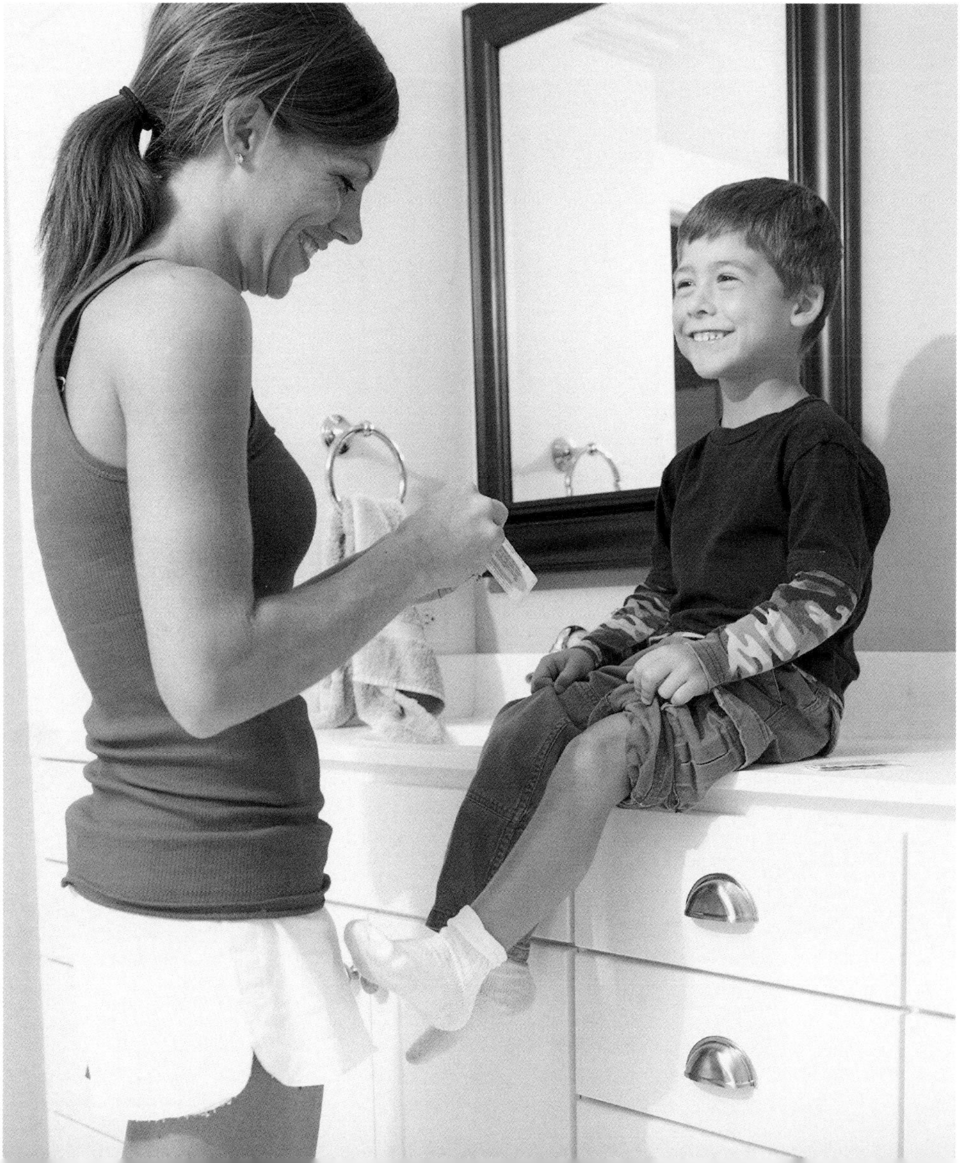

Supercozinheira!

Superesportista!

Superprofissional!

(Tá bom, tá bom, eu confesso:
não gosto muito quando você diz
"mamãe vai trabalhar e volta já"...)

Super-
-faz-tudo!

E o melhor de tudo:
superdivertida!

Quando penso em você como minha heroína, lembro dos desenhos e dos filmes que assistíamos juntos.

Sabe qual é a mais parecida com você?

Mulher-Biônica?

Mulher-Elástico?

A Feiticeira?

(Ah, você faz tanta mágica no seu dia a dia...)

Nada de copiar as heroínas que já existem. Você é única!

Você me ensinou a dar os primeiros passos.

E os primeiros mergulhos!

Foi minha primeira professora.

Também me ajudou
a enfrentar os mais
“terríveis monstros”.

Paciência é a sua
maior virtude.

(Eu sei que não sou
mesmo nada fácil!)

Mas o que eu acho mais
incrível é que você tem o
dom de adivinhar tudo
o que estou pensando!

Como você consegue?

Você é tão incrível que
até já providenciou um
"ajudante" para mim!

Mas vou logo avisando: você continuará sendo só minha.

Afinal, mamãe,
eu super te amo!

Conheça outros livros da coleção e presenteie quem você ama:

Emocione o homem que lhe ensinou a ser quem você é.

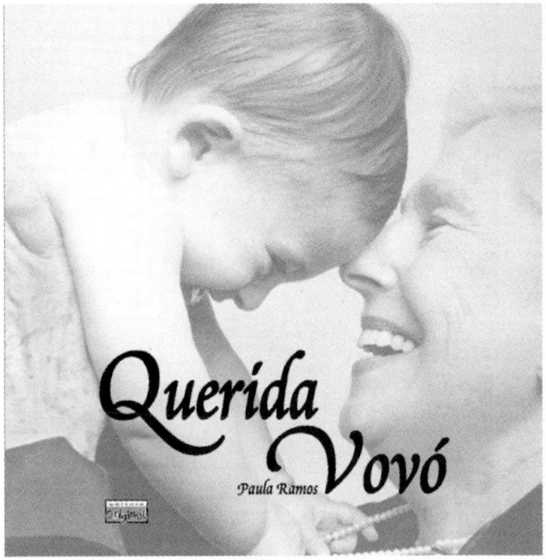

Ela é mãe em dobro e merece todo o nosso carinho.

O amor nunca sai de moda. Declare-se!

Uma homenagem àqueles que cuidam de nós a vida toda.

Lições de humildade para quem quer ser feliz.

Não deixe seus planos perdidos no meio do caminho.

Conselhos verdadeiros para descomplicar a vida.